小学生からの なんでも 法律相談

1巻 法律って何だろう？

監修

小島洋祐
（虎ノ門法律経済事務所 弁護士）

髙橋良祐
（公益財団法人才能開発教育研究財団
日本モンテッソーリ教育綜合研究所 所長）

渡辺裕之
（千代田区立番町小学校 校長）

この本の監修の先生からみなさんへ

全国の小学生のみなさんこんにちは。みなさんは法律というと大変むずかしいもの、自分にはあまり関係ないものと思っているかもしれません。しかし、法律はみなさん一人一人が安全にそして幸せに生きていくために身近に存在する大切なものなのです。法律は日本国憲法を中心としてたくさんの法律で成り立っています。法律は最低限の道徳ともいわれています。法律を守ることによってより良い生活を送ることができます。法律を理解することにより、みなさん一人一人が自由で安全でそして豊かな生活を送ることを心から願っています。

小島洋祐
虎ノ門法律経済事務所 弁護士

みなさんは「法律」と聞くとどんなことを思い浮かべるでしょうか。「国の決まり」「むずかしそう」「よくわからない」「悪い人をつかまえるため」などなど自分にはあまり関係ないものと思っていませんか。この本にはみなさんが安心・安全に暮らしてくための法律や、学校で楽しく勉強するための法律などが書かれています。この本でわかった法律のことをお友だちやおうちの方とたくさん話してみてください。むずかしいと思っていた法律が、より身近になり、もっと知りたいと学びたくなる思います。

髙橋良祐
公益財団法人才能開発教育研究財団
日本モンテッソーリ教育
綜合研究所 所長

「法律」という言葉は知っていても、実際に法律が自分にどのように関わっているかは知らない人も多いかもしれません。この本は、そんな子どもたちのために、「法律」の種類や仕組み、自分たちと法律の関わりをわかりやすく説明しています。読み進めると、「法律」が毎日の生活を支えてくれるもので、自分たちが法律に守られていることなどに気づくでしょう。弁護士などの法律に関係する仕事を目指そうとする人もそうでない人にも役に立つことがたくさん紹介されているので、多くの人に手に取って読んでもらいたいです。

渡辺裕之
千代田区立番町小学校 校長

この本では、ぼくたちが生活している中で生まれた疑問に、法律がどのように関わっているか紹介しているんだ！

疑問の答えには、どんな法律が関わっているか小島先生がやさしい言葉で説明してくれているよ。

この法律がなかったら……と想像してみると、どうして決まりができたのかその大切さに気づくはず。いっしょに考えてみてね。

カズキ

ユウリ

小島先生

※本文に出てくる法律の条文などは、2020年6月時点の内容に基づき、子どもにわかりやすい言葉に訳しています。

もくじ

おはよう カズキくん！

おはよう ユウリちゃん！

夏休み楽しかったね。でも、みんなに久しぶりに会えるし、学校が始まるのもわくわくするよね！

みんなに会えるのはうれしいけれど、ちょっと気が重いなー。じつは、まだ夏休みの宿題が全部終わってないんだ……。

昨日は朝から夜遅くまで、ずっと宿題をやっていたよ。

ぶわぁぁ

子どもって大変だねぇ

計画的にやらなかったからでしょ〜。

そうだけどさ、なんで子どもは朝早くからねむたい中、学校に行かなくちゃいけないんだ！

う〜ん、たしかに……。どうして子どもは学校に行くって決まっているんだろう。

だれが決めた決まりなのかな〜。

まあ、学校は楽しいんだけどさ〜。

ぬっ

ふたりの話、聞かせてもらったよ！

小島先生！

ふたりは、どうして子どもは学校に行くのか話していたみたいだけど、それには法律が関係しているんだ。

え〜!?法律〜!?

ふたりの近所に住む弁護士の先生

法律ってニュースとか、刑事ドラマとかでよく聞くけど、よくわからないなあ。

法律って悪いことをした人だけ関係あることじゃないの？わたしたちは関係ないんじゃないですか？

そんなことないよ！大人だけじゃなくて、君たち子どもも、みんなが法律と関わって生きているんだ。

まわりを見わたしてみると、じつはいろいろなところに法律があるんだよ！

どーどー

本当に〜？

災害対策基本法
人の命や財産を災害から守るためのルールを定めた法律

著作権法
絵や音楽、本などの作品をつくり出した作者などの権利について定めた法律

労働基準法
働き方や働く人の権利について定めた法律

個人情報保護法
個人情報を保護して、その個人の権利やプライバシーを守るための法律

教育基本法
学校や教育について定めた法律

郵便法
できるだけ安い料金で、遠方にも公平に郵便物を配布するために、郵便物に関わることについて定めた法律

住民基本台帳法
住んでいる住所について記録をして、人びとがより暮らしやすくなるようにすることを定めた法律

水道法
安全に水を飲んだり、使ったりできるように、水道についてのルールを定めた法律

こんなにいろいろな法律がある中で暮らしているなんて知らなかったよ。

そうね。でもどうしてこんなにたくさん法律があるのですか？

もしも法律がなかったらどうなるか考えてごらん！

たとえば道路では、人も車も右側通行や左側通行に関係なくみんなが好き勝手に走ったら、たくさんの事故が起きるかもしれないね。

それから、法律で安全の基準が決められていなかったら、蛇口から出る水やお店で売られる食べ物も安全に食べられるものかどうか、わからなくなるかもしれないよ！

みんなが安全に暮らしていけるようにするために法律があるんだよ。

そうなんですか！知りませんでした！

ぼくもいろいろな法律をたくさんつくりたいなあ！　小島先生、将来どんな仕事についたらぼくも法律をつくれますか？

小学校で1日3回おやつを出す法律

毎日、好きな授業だけ受けていいことにする法律

法律はおもに
国会議員によって
国会でつくられるんだよ。

でも、国会議員だからと
いって、自由に法律がつくれる
わけじゃないんだ。

え!?
そうなん
ですか？

法律をつくる人たちが
好き勝手に法律をつくって
いくと、みんなが幸せに
暮らしていけなくなる
かもしれないよね。

国民全員のお金を
半分以上とって、
わたしに納めるのだ！

それでは、みんなの
生活が苦しくなります！

そこで、日本国憲法に書いてあることに
違反するような法律は、つくっては
いけないことになっているんだ。

日本国憲法には、日本に住む
みんなが幸せに生きていくための
国のルールが書いてあるんだ。
だから、どんな法律も日本国憲法を
守らなくてはいけないんだよ！

憲法はとっても大切な
ものなんですね！

へー！ もっと
知りたいな！

法律って どんなものなの？

聞いたことはあるけれど、どんなものなのかよくわかっていないかも……。

法律はわたしたちの暮らしを守る大切なルールです。

？ だれがつくったの？

国民の選挙によって選ばれた国会議員が国会で話し合ってつくっています。
（→45ページ）

？ だれが守るの？

法律は日本全体のルールです。日本全国どこにいても、大人も子どももみんなが守らなければいけません。法律のほかに、その都道府県や市区町村だけのルールもあります。（→40ページ）

？ どんな種類があるの？

6〜7ページで紹介した以外にも、さまざまな法律があり、目的によって種類がわかれています。
また、よく「六法」と呼ばれるおもな法律は、日本国憲法、民法、刑法、商法、民事訴訟法、刑事訴訟法の6つの法律のことを指しています。

？ どのくらいあるの？

現在、2000以上の法律があります。わたしたちの暮らしの変化とともに、新しい法律ができたり、内容が改正されたりします。

？ いつできたの？

その法律によってできた日はちがいます。何か問題が起きたときなどに、また同じことで苦しんだり、悲しんだりする人が出ないようにするため、その問題を解決するような新しい法律がつくられます。

たくさんある法律の中でも、もっとも基本になるものが日本国憲法だよ。もっとくわしく見てみよう！

日本国憲法って何？

日本国憲法では、わたしたちが暮らす国の基本的なあり方が定められています。
また、憲法には次の3つの原則があります。

国民主権

→政治の中心となるのは国民。みんなでいっしょに日本という国をつくっているということ。

基本的人権の尊重

→人は生まれながら、みんな平等で自由であること。そして政治に参加したり、健康で人間らしく生きたりする権利をもっているということ。

平和主義

→みんなが悲しい思いをした戦争は二度としないということ。

日本国憲法に違反する法律は認められないことになっています。法律が憲法に違反していないかどうかは、裁判をするときに、裁判所が判断することになっています。

 法律をチェック

日本国憲法第98条では……
「憲法は国の最高法規であって、これに違反する法律は認められない」
と決められているよ。

ちゃんと守ってね！

憲法

チェックするよ！

法律をつくったよ！

法律に基づいて国の仕事をしていくよ！

裁判所　国会　内閣

「最高法規」って？

法律の中で一番力をもっているってことだよ。

11

どうして学校に通うの？

小島先生、
さっきぼくたちが学校に
行くのは法律が関わって
いるって言ってたけど、
本当ですか？

ふたりは「義務教育」って
聞いたことあるかな？

あ！ あるある！

日本では法律で
「義務教育」という制度が
定められているんだ。それで、
小学校と中学校の9年間は
子どもを学校に通わせることに
なっているんだよ。

義務教育

小学校6年　　　中学校3年

9年

へー！
法律なんだ。

えっ！ じゃあもし学校を
さぼったらぼくたち、
つかまっちゃうんですか!?

たいほは
いやだ

いや、そんなことはないよ。
義務教育の義務っていうのは、
大人に対する義務なんだ。

どういうこと？

つまり、みんなのおうちの人とか大人に対して、ちゃんと子どもを学校に行かせなさいという国のルールなんだ！

義務教育

× 子どもへ

学校に行きなさい！

ではない！

○ 大人に対して

子どもを学校に行かせなさい！

というルール

反対に、君たちは「学ぶ権利」というものがあるんだよ！日本で暮らすすべての人が平等に教育を受けられるように保障されているんだ。

学ぶ権利

ぼくたち学校に行きたい！

もちろん！安心して学んでおいで！

学校に行けるように準備するよ！

でも、なんで義務教育が法律で決められたんだろう。

それに、どうしてわざわざ学ぶ権利が保障されているの？

もっと教えてください！先生！

ふたりとも興味が出てきたんだね。

ねーどうしてー？

13

義務教育って何？

ぼくたちの義務だと思ってたよ。

日本では、子どもたちが平等に教育を受けることができるように、いろいろな法律がつくられています。

 法律をチェック☝

日本国憲法第26条第1項では……
「すべての国民は、その人の能力に合わせて、みんな平等に教育を受ける権利をもっている」

また、日本国憲法第26条第2項と教育基本法第5条では……
「すべての国民は、自分の子どもに教育を受けさせる義務がある」と決められているよ。

しかし、これだけではどんな学校に、どのくらいの間、通わせなければいけないかわかりません。国は、学校をつくったり、制度をつくったりして、子どもたちの教育を受ける環境を整えなくてはいけません。

そのために、右のように法律が定められています。この法律で定められた9年間を義務教育といいます。

 法律をチェック✌

学校教育法第16条では……
「保護者は、自分の子どもに9年間の普通教育を受けさせる義務がある」

また、学校教育法第17条では……
「保護者は、自分の子どもを満6歳から満12歳まで小学校に、そのあと、満15歳まで中学校に通わせる義務がある」と決められているよ。

想像してみよう もしも義務教育がなかったら……

日本では、今、ほとんどの人が文字を読んだり、書いたりすることができます。しかし、もし義務教育がなく、学校に通うことや勉強することができないと、将来の目標を実現することができない人が増えるかもしれません。

文字が読めないとうちの店で働くのはむずかしいよ。

「学ぶ権利」って何？

わたしたち、みんながもっているんだよね？

義務教育が始められる前の日本では、さまざまな理由で学校に行けない子どもたちがいました。

家が貧しいから

お金がなくてごめんね。

しかたないよ。

親が許してくれないから

勉強よりも家の仕事を手伝うんだ！学校なんか行かなくてもいい！

女の子だから

女の子は家のことをすればいいから学校に行かなくていいと言われているの。

これでは、どんなに勉強がしたくても、学校に通いたくても、あきらめるしかない子どもたちが出てきてしまいます。そこで、日本国憲法や教育基本法などの法律によって、子どもたちを始めとするすべての人の学ぶ権利が守られるようになったのです。

法律をチェック

教育基本法第4条では……
「すべての国民は、平等に教育を受ける機会をあたえられなければいけないので、人種や信条、性別、家柄などによって、教育を受けなくていいなどと差別されない」と決められているよ。

子どもだけじゃなく、大人ももっている学ぶ権利

学ぶ権利は、子どもだけのものではありません。日本国憲法では、大人もふくめたすべての人の学ぶ権利を保障しています。そのため「社会教育法」という法律があり、学びたいと思ったすべての人が学ぶ機会を得られるように定められています。

町の公民館や図書館、博物館などは社会教育のためにつくられている。

ほかにはどんなことが法律で決まっているの？

❓ だれが学校をつくっているの？

公立の小学校や中学校を設置するのは、市区町村の役割です。また、学校を建てるほかにも、必要な設備や物をそろえなければいけませんが、その費用をすべて市区町村がはらうのではなく、国も協力してお金を出すことが決められています。

法律をチェック

学校教育法第38条と第49条では……「市町村はその区域にいる子どもを学校に行かせるために、必要な小中学校を設置しないといけない」と決められているよ。

※東京23区は「特別区」として、市町村と同様に区が小中学校を設置します。(地方自治法第281条、281条第2項)

私立の学校も市町村がつくるの？

私立の学校は、学校法人(教育をするためにつくった団体)がつくるよ！

❓ どうして小学校は6年間なの？

小学校が6年間となったのは、1947年に学校教育法ができたときです。アメリカの教育制度に影響を受けて、小学校が6年間、中学校が3年間になったと言われています。

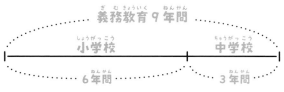

義務教育9年間

小学校 —— 6年間

中学校 —— 3年間

小学校と中学校を一体化した、義務教育学校では…

4年間 …… 3年間 …… 2年間

9年間をどのように区切るのかは、学校によってちがうよ。

最近では、4年間(前期)、3年間(中期)、2年間(後期)などと区切り方を変更することが認められている「義務教育学校」などもある。

小学校と中学校の間は、その年齢に合わせた
時間で授業をすることが法律で定められています。

1年間の授業時間	
1年生	850単位時間
2年生	910単位時間
3年生	980単位時間
4〜6年生 中学生	1015単位時間

（2020年6月現在）

1単位時間は
授業1回のことだよ！

1年間で決められた授業時間を終えるために、学年によって1週間でどれだけ
授業をするかもちがう。たとえば、小学校1年生の時間割は5時間目まである
ことが多いが、4年生からは6時間目まであることが多くなる。

外国の義務教育

教育の制度は国によってちがいが
あります。まず、小学校、中学校の
年数と、義務教育の年数です。
同じ国でも州や地域によって年数が
ちがうところもあります。

たとえば、アメリカは50の州が
あるため、各州によって学校の
制度も異なり、各学校の年数も
5年と3年、6年と3年など、
州ごとにちがいがあります。

	小学校	中学校	義務教育の年数
日本	6年	3年	9年
アメリカ （一般的な例）	5年	3年	12年
中国	6年	3年	9年
イギリス	6年	5年	11年
フランス	5年	4年	10年

※日本の小学校、中学校にあたる、各学校の年数を示しています。

また、外国ではその学年の学習が達成できな
かったり、出席日数が足りなかったりすると
進級することができない「落第」の制度がある
国もあります。反対に、成績がよければ、進級を
するときに、学年を飛ばして進級することが
できる「飛び級」の制度がある国もあります。
特にフランスでは、この制度が定着しており、
子どもひとりひとりの能力に合わせて学習できる
ようにすることが大切だとされています。

学校の仕組みはいつできたの？

きっと昔から学校があったんだよね？

日本では今のように、義務教育が9年間と定められる前にも、学校教育はさまざまな形でおこなわれてきました。

初めて教育についての法律が出される

701年、日本で初めて「大宝律令」という本格的な法律が定められました。それにより、全国的に教育のための機関を置くことが定められました。

この学校は「大学寮」と呼ばれていた。

でも、この学校は役人を育てるためのもので、今の学校の役割とはちがうものだったよ。

身分によってちがう学校へ

江戸時代になると、今の小学校に近い形の学ぶ場所がつくられるようになりました。農民や町人の子どもは、「寺子屋」で読み書きやそろばんを学び、武士の子どもは、「藩校」という武士の学校で読み書きのほか、武道なども学びました。

寺子屋は寺院などで開かれていた。

えー‼

身分によって通う学校が決められていたのか！

義務教育が始まる

明治時代になると、どの身分の人も平等になることが目指されました。1872年には「学制」という制度ができ、全国に学校を設置することが決められました。さらに、1886年には、「小学校令」という法律が定められ、すべての子どもが平等に教育を受けられるようになりました。このころは小学校は4年間でした。

この時代までは学校に通える女の子はとても少なかった。

義務教育が6年間に

昭和になり、1941年には「国民学校令」が出されて、国民学校初等科と呼ばれる学校に6年間通うことが決められました。
しかし、戦争が始まると、学校でも戦争で勝つための教育がされるようになり、さらには、農作業や土木工事などの仕事もしなくてはならなくなりました。

昔の人は戦争であまり勉強ができなかった、と聞いたことがあるなあ。

小学校でも兵隊になるための訓練がおこなわれていた。

義務教育が9年間に

戦争が終わると、法律も見直され、日本国憲法や学校教育法が制定されました。
それにより、すべての子どもが、小学校6年間、中学校3年間という9年間の義務教育を受けることが決まりました。

そして現在へ

戦後から始まった9年間の義務教育は現在まで続いています。しかし、時代が変わるとともに、変化する子どもたちの環境などを考え、学校の制度や、学校で学ぶ内容や目的なども進化してきています。

「学ぶ権利」や「義務教育」が決められた今だから当たり前のように学校に行けるんだね！

19

日本には、ほかにどんな学校があるの？

日本には小学校や中学校以外にも、いくつかの種類の学校があります。

学校教育法では、おもに9つの種類の学校が定められています。これらは、国や都道府県、市町村、学校法人（教育をするためにつくった団体）だけがつくることができます。

法律をチェック

学校教育法第1条では……
「学校とは、幼稚園、小学校、中学校、義務教育学校、高等学校、中等教育学校、特別支援学校、大学、高等専門学校とする」と決められているよ。

義務教育学校、中等教育学校

義務教育学校は、小学校と中学校を一体化させた9年間の学校です。中等教育学校は、中学校と高等学校（高校）を一体化させた6年間の学校です。

高等専門学校

高等専門学校は、中学校を卒業後、5年間（商船に関する学科は5年半）通う学校です。

高等専門学校では、より専門的なことや、職業に必要なことを学ぶ。

特別支援学校

特別支援学校は、障がいのある子がその子に合った教育を受けることができる学校です。

特別支援学校は、国語や算数などの勉強だけでなく、障がいによって起きる生活の中のこまったことなどをのりこえて、自立できるような知識や技術を教えている。

法律をチェック

学校教育法第81条第3項では……
「小学校、中学校、高等学校などでは、病気によって療養中の子どもに、特別支援学級を設けたり、先生を派遣したりして、教育をおこなうことができる」と決められているよ。

また障がいに応じて、特別支援学校でなく、小学校や中学校などに設置された特別支援学級に通うこともあります。ふだんは通常学級に通い、決められた時間だけ障がいの特性によって、特別な支援を受ける特別支援教室などもあります。

さらに長い間入院している子どものためには、「院内学級」という、病院の中で教育を受ける場が設置されています。

学校教育法第1条で定められた9つの学校以外にも、
目的や事情に合わせて学ぶことのできる学校があります。

外国人学校

日本に住む外国人を対象とした、外国人学校も
あります。ただし、外国人の子どもも、希望すると
公立の小学校や中学校に入学して、
教育を受けることができます。

外国人学校は国別で
設置されることが多く、
母国の文化なども学べる。

教科書も日本にいる
友だちと同じものを
使っているよ。

外国にいる日本人の子どもが
学ぶための日本人学校も
いろいろな国にある。

フリースクール

さまざまな原因で学校に行きたくても
行けなかったり、行かなかったりする子どもが、
勉強したり、遊んだりする場を設けるために
つくられたフリースクールもあります。
2017年には、「教育機会確保法」という、
学校以外の場でも、子どもたちが学べるように
するための法律ができました。
この法律では、不登校の子どももフリー
スクールや家の中で、さまざまな方法で学習
できるように支えていくことが定められています。

 法律をチェック

教育機会確保法第3条では……
「不登校の子どもが、安心して教育を
受けられるように、環境を整備して
いくこと」

また、教育機会確保法第13条では、
「学校以外の場でも学ぶことができる
ように、子どもや保護者に必要な
情報を提供すること」
と決められているよ。

※教育機会確保法の正式名称は「義務教育の段階における
普通教育に相当する教育の機会の確保等に関する法律」です。

法律によって、どんな立場に
あっても、みんなの学ぶ権利が
守られるようになっているんだ！

夏休みの長さはだれが決めてるの？

ぼくたちの、わたしたちの疑問③

じゃあさ！
学校に通うための
法律があるなら、
学校の休みのための法律も
あるってことですか？

そうだね、
もちろんあるよ！

それなら、夏休みの長さも
国会で国会議員が
決めているのかな？

この長さでは
宿題をする時間が足りぬ！
もっと長くしよう！

そうだ！
そうだ！

あっ！ いとこのお姉ちゃんは
先週から新学期が始まって
いたよ。学校によって、
長さもちがうみたい。

えっ!?

そしたら、学校ごとに
決めていくってこと
なのかな？

この学校は
〇月〇日から〇月〇日
までにしよう！

あと12194校、
決めなくてはいけません！

法律では、夏休みの長さを
各地の教育委員会が
決めると定めているんだ！

ほかにも、
学校の休みについては
いろいろな法律が
あるんだよ！

22

学校を休みにする法律ってどんなもの？

休みにも法律があるとは知らなかったよ。

　学校の休みについても、きちんと法律で定められています。その中で、公立の学校では休みの日は教育委員会が決める、としています。そのため、都道府県や市区町村によって、休みの長さに少しずつちがいがあるのです。

　また、夏休みが長い理由のひとつとして、暑くて授業に集中できない時期を休みにしていたと言われています。

法律をチェック

学校教育法施行令第29条では……
「公立の学校では、夏、冬、学年末、農業の仕事がいそがしい時期などの休みの日については、市町村か都道府県の設置する学校では、その市町村、または都道府県の教育委員会が定める」と決められているよ。

でも、最近では、エアコンが普及し、夏でも快適に過ごすことができるところもあるので、夏休みを短くする地域もあると言われているよ。

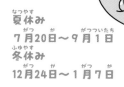

夏休み
7月20日～9月1日
冬休み
12月24日～1月7日

雪の多いところでは、大雪で通学が大変になるため、夏休みを少し短くし、その分、冬休みを長くしているところが多い。

夏休み
7月20日～8月24日
冬休み
12月24日～1月12日

法律で決まっている休みはいつ？

　公立の学校では、学校が定める夏休み、冬休みなどの長期の休みのほかに、国民の祝日、日曜日、土曜日を、休日とすることが法律で定められています。

　昔は、土曜日は休みではありませんでした。しかし、1992年に月1回、土曜日を休みとすることとなり、その後、すべての土曜日が休みになっていきました。しかし、授業時数が足りなくなったり、より子どもの学びの機会を増やしたりするために、土曜授業に取り組みやすくなるように、法律が改正されました。こうして、最近では、土曜日を登校日とする学校も増えています。

法律をチェック

学校教育法施行規則第61条では……
「公立小学校の休みの日については、次のとおりにする。ただし、学校を設置する地方公共団体の教育委員会が必要と認めたときは、この限りではない。
一　国民の祝日に関する法律で決められた日
二　日曜日、土曜日
三　学校教育法施行令第29条の規定によって教育委員会が定める日」
と決められているよ。

国民の祝日って何？

国民の祝日は、よく「祝日」と言われる休日ですが、法律でいくつかルールが定められています。

そこでは、どうして国民の祝日があるのかや、それぞれの祝日の由来、そして祝日は休日とすることが定められています。

法律をチェック

国民の祝日に関する法律第1条では……

「自由と平和を求める日本国民は、美しい風習を育てながら、よりよい社会、より豊かな生活を築きあげるために、国民で祝い、感謝し、記念する日を定め、これを『国民の祝日』と名づける」

また、国民の祝日に関する法律第3条では……

「国民の祝日は、休日とする」と決められているよ。

みどりの日　5月4日

自然に親しみ、そのめぐみに感謝して豊かな心を育む。

こどもの日　5月5日

子どもの幸せを願い、母に感謝する。

海の日　7月第3月曜日

海のめぐみに感謝し、海に囲まれた日本の繁栄を願う。

❓ ふりかえ休日って何？

法律では、国民の祝日が日曜日に当たる場合に、そのあとで一番その日に近い平日が休みになると定められています。

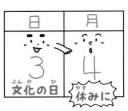

日	月
3 文化の日	4 休みに

君も今年は休日だよ。

やったー！

❓ 特別に休みができることもあるの？

前日とその次の日は国民の祝日の場合、つまり祝日と祝日にはさまれた平日も、休日になることも法律で定められています。

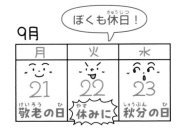

9月

月	火	水
21 敬老の日	22 休みに	23 秋分の日

ぼくも休日！

休みを充実させられるね。

敬老の日と秋分の日は、その年によってちがうので、その間の日も休みになることがある。

都道府県で決められた休み

各都道府県だけの休みが条例（→40ページ）で定められることがあります。

その都道府県が誕生したことに由来のある日を県民の日などと定め、休日にしているところや、静岡では「富士山の日」、沖縄では「慰霊の日」、広島、長崎では「原爆の日」など、その地域の歴史や文化に関わる日を定めているところがあります。

特別な休みになるときって どんなとき？

23ページで説明したほかにも、そのときの状況に合わせて、学校が休みになることがあります。

災害などによる休み

台風や地震、大雪など災害が起きたときは、安全を守るために学校が休みになることがあります。

その場合、校長先生が決めるとされていますが、より確実に安全に気をつけるため、都道府県や市区町村で基準を設けていることがほとんどです。

法律をチェック

学校教育法施行規則第63条では……

「災害やそのほかの緊急事態が起きたなど事情があるときは、校長は、臨時に授業をおこなわないことができる」と決められているよ。

ぼくの住んでいる地域では「午前7時時点で、特別警報が出ている場合は休みとする」と決められているんだって。

感染症などによる休み

インフルエンザなどの人にうつりやすい感染症から、子どもを守るために、学校や学校の中の特定の学年、学級を休みとする場合もあります。

法律では、学校を設置した人（→16ページ）が決めるとしていますが、校長先生が判断したり、先生たちが相談しながら決めたり、基準を設けていたりと、学校によってさまざまです。

2020年には、新型コロナウイルスによる新しい感染症の感染拡大を防ぐために、政府が各学校に休校するように求めました。

このときも、この学校保健安全法に基づき、都道府県や市区町村が判断して、休校を決めるなどしました。

法律をチェック

学校保健安全法第20条では……

「学校の設置者は、感染症の予防のために必要があるときは、臨時に、学校の全部、または一部を休みにすることができる」と決められているよ。

校長先生が学校医や保健室の先生と相談しながら決めることもあります。

どこの学校に通うかは決まっているの？

キーン
コーン
シャーン
コーン

ギリギリセーフ！
間に合ってよかったね！

小島先生のお話が
わかりやすくて
つい話しすぎちゃったね。

はーい！
みんなおはようございます。
朝の会を始めますよ。

ガラ

おはよう
ございます！

最初に転校生を
紹介します！

山村ケント

となり町から
引っこしてきました。
山村ケントです。

いいなー、なんか
転校生ってあこがれない？
ぼくも転校してみたいな。

パチ
パチ

えー！ わたしは友だちと
はなれてしまうのはさみしい
からいやだな。それに、転校
するなら遠くに引っこさない
といけないんじゃない？

ケントくんも
引っこしてきたって
言ってたし！

そっか。
家の近くの学校に行くもんね。
でもそれって法律で決められて
いるのかな？

そうかも！

学区って何？

自由に好きな学校に通っちゃだめなのかな？

公立の小学校と中学校では、子どもがどの学校に通うかは、住む場所によって教育委員会が決めており、その区域は学区や校区と呼ばれています。

そのため、引っこしなどで住所が変わり、学区も変わった場合には、原則として転校して、その学区の学校に行く決まりになっています。

法律をチェック

学校教育法施行令第5条第2項では……
「市町村の教育委員会は、その市町村に小学校（中学校）、または義務教育学校が2校以上ある場合、就学予定者が就学すべき小学校（中学校）、または義務教育学校を指定しなければならない」
と決められているよ。

想像してみよう もしも学区がなかったら……

もしもみんなが自由に通う学校を自分で決めると、できたばかりの新しい学校や運動場の広い学校などに集中して、人数に大きなかたよりが出るかもしれません。そうなると、子どもたちの学ぶ環境にも差が出てしまいます。

学区が決められていることで、最適な人数を各学校に通わせ、学習環境を整えることができるのです。

それに学区があるとよいところもあるんだよ。

ピカピカの新しい校舎だ！わたしもここに通いたい！

もう教室に入りきらないよ～。

学区のよいところって何？

学区が決められていると、みんな同じ地域から学校に通うこととなります。そうすると、自然と地域のつながりも生まれます。

学区内には地域の伝統や文化を教えてくれる人がいるため、自分の住む地域のことを学ぶ機会が増えるのです。また、地域には子どもの安全を見守ってくれる人がたくさんいます。

好きな教科だけ勉強しちゃいけないの？

今日からさっそく授業だね。

そうだね。わたし、2学期はもっといい成績がとれるようにがんばるんだ！

すごい！ぼくは次の時間の算数が苦手だけどがんばれるかなあ。

そうだ！次は算数だった！

算数

わたしも、算数が苦手なの。国語とか音楽なら得意なんだけど……。

ぼくは毎時間体育なら最高なのに！

どうして好きな教科だけ勉強してちゃいけないのかな？

ねー

ぼくはバスケットボール選手になりたいから、体育の勉強だけでいいと思うんだけど……。

わたしは学校の先生になりたいし、やっぱりどの教科も必要かなあ？

なんでいろいろな教科があるの？

好きな教科だけだともっと楽しいのになあ。

学校で何をどれだけ勉強するかは、学校教育法施行規則によって決められており、具体的な内容などは、文部科学省（教育やスポーツ、文化、科学などに関する仕事をしている国の機関）のつくった「学習指導要領」によって定められています。この学習指導要領をもとに、先生たちは計画を立てて授業をおこなっています。

学習指導要領には、何を学ぶかが書かれていて、およそ10年に一度ごとに見直されるよ。

法律をチェック

学校教育法施行規則第50条では……
「小学校の教育課程は、国語、社会、算数、理科、生活、音楽、図画工作、家庭、体育、道徳、外国語活動、総合的な学習の時間、特別活動によって編成するものとする」
と決められているよ。

想像してみよう　もしも、好きな勉強だけをしていたら……

もしも、法律で学ぶ内容が決められておらず、自分の好きな教科だけや、先生の得意な教科だけを学ぶようになると、学校やクラス、子どもによって知識や考える力にかたよりが出てしまいます。
今、法律で決められている、学ぶべき教科や内容は将来、生きていくためにだれにとっても必要だと考えられることです。
さまざまな教科を学ぶことにより、さまざまな知識が身につき、さらにものごとを広く深く考えることができるようになるのです。

先生は算数が得意なので、このクラスは毎時間算数だけです！

ぼくはバスケ選手になるんだ！だから体育だけするぞ！

えっと……　何点差？シュート何回で追いつく？計算できない……。

69　82

ほかの教科も勉強したいのに、授業がないとよくわからないよー！

29

テストや通知表って だれのため？

キーン
コーン
カーン
コーン

はい、今日は
ここまでです。

明日は授業の始めに
漢字テストをしますね！
今日の復習ですよ。

えー

ぼく1学期の
国語の成績
悪かったんだ……。

じゃあ、明日のテストは
がんばらなくちゃね。

漢字、苦手なんだよ〜。
あー、なんでテストって
あるんだろう！

やっぱりテストとかも法律で
しなくちゃいけないって
決まっているんじゃない？

よし！ じゃあぼくが
テストをなくす
法律をつくりたいな！

そんなことよりも、
テストの勉強しようよ。

テストや通知表って必要なの？

いい点とったときは
うれしいんだけどね。

テストや通知表（成績表）は、学習したことが
理解できたかどうか確認するためにあります。
しかし、学校でテストをしたり通知表をつくったり
することは、じつは法律では定められていません。

法律をチェック

学校教育法施行規則第24条では……
「校長は、在学児童の指導要録を作成しな
ければならない」と決められているよ。

法律で義務づけられているのは、
出席簿と指導要録をつくることです。
指導要録とは、学習の様子などを記録
したものです。これらはとても大切で、
指導の記録は5年間、学籍記録は20年間、
学校で保存しなければいけません。

じゃあどうしてテストをしたり、通知表をつけたりするの？

もし、テストや通知表がなければ、自分はどこが
できていて、どこができていないか知ることができません。
また、先生も子どもたちのテストを見て、どれくらいわかって
いるのかを知り、授業などに生かすことができます。学校では、
テストで100点をとることを目指しているのでなく、学習指導要領
（→29ページ）に示されたねらいを達成することが大切なため、
そのためにテストや通知表が活用されているのです。

やっぱり
社会が苦手だな。
新学期までに
復習しなきゃ。

ここをもっとできる
ように、明日の授業の
始めに復習しよう！

そっか、テストがないと、
どこができていて、どこができて
いないのかがわからないままに
なってしまうんだね。

帰り道、少しだけより道をしたい！

放課後

より道をせずに、車に気をつけてまっすぐ帰ってくださいね。

先生 さようならー

さようならー

ユウリちゃん！

この間貸したマンガの続きが出たの知ってる？昨日買ってもらったの！

えー！そうなの？

また貸してあげるから、今日うちに遊びにこない？

いいのー!?ありがとう！

あっ

そういえば、今日4時半からピアノのレッスンだからダメだ〜!!

そうしたらまわり道だけど、帰りにうちによっていけば？借りてすぐに帰れば間に合うよ！

うーん……でもそしたらより道になっちゃうし……。

そうね。じゃあまた今度にしようか。また明日ね！

あーあ、早く読みたかったなあ。

おーい！ユウリちゃん！元気ないね。

ねぇカズキくん、何でより道ってしちゃいけないと思う？

うーん、そういうルールだからかなあ。

あ！4時に友だちが遊びにくるんだった！急がなきゃ！

早く帰りたいから近道しようよ！

え？

グッ

でも、通学路ではむこうの歩道橋をわたるって決まっているよ。

だって遠回りになるでしょ！こっちのほうが近いし、だれも見てないって！

ぼく、先に行くよ！

うーん、近道ならより道じゃないからいいのかな？

どうしてより道しちゃ いけないの？

ちょっとくらいは いいよね？

多くの学校では、登下校のときに通る道、「通学路」が決められています。この通学路は、子どもたちが安全に登下校できるように、定められたものです。

もしより道などをして、通学路から外れてしまったら、安全ではない道を通ってしまうかもしれません。

そのため、より道をしてはいけないと言われているのです。

法律でも、学校で通学のときの指導が必要だと定めています。このように定められているのは、子どもたちの安全を守るためです。

法律をチェック

学校保健安全法第27条では……
「児童生徒の安全確保のため、児童生徒などに対する通学の安全に関する指導をしなければならない」

また、学校保健安全法第30条では…
「児童生徒の安全確保のため、保護者、警察署、その他の関係機関、地域住民などが協力するように努めるものとする」と決められているよ。

だれも見ていないから守らない、というのは自分の命を危険にさらすことになるかもしれないよ！

えー‼

じゃあ、どうやって通学路は決めるの？

通学路を決めるときは、いくつかの基準があります。

❶交通事故にあいにくい
・交通量が多くないか
・歩道やガードレールがあるか
・横断歩道や歩道橋があるか
・道幅がせまくないか

❷犯罪にあいにくい
・人通りはあるか
・街灯はあるか
・まわりに助けてくれる店や家があるか

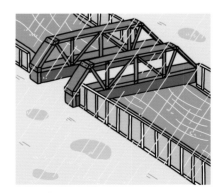

❸災害にあいにくい
・大雨がふっても洪水にならないか
・土砂くずれなどしないか

学校が決める通学路は、先生たちだけで決めているわけではありません。教育委員会やおうちの人、地域の人、警察なども関わって、意見を聞いたり、話し合ったり、実際に見たりして決めているのです。

地域の人の要望で、ガードレールや信号、歩道橋が設置された例もあります。

通学路を決めるだけでなく、さまざまな取り組みによって、子どもの安全を守ろうとしているのです。

ここは車が多いから少し遠くても、むこうの歩道橋を使ったほうがいいな。

地域の人の見守り、集団登校

警察の交通安全教室

そうだったんだ！
それなのに、わたしたちがルールを守らなかったら安全に登下校ができないね。

想像してみよう

もしもより道したときに……

登下校中に、災害が起きたときや、あやしい人が近くに出たときなど、おうちの人や先生は通学路を中心に、みなさんを探しに行くかもしれません。しかしそのときに、より道や近道、遠回りなどをしていて、通学路じゃない場所にいると、みなさんの安全の確認ができなくなってしまうのです。

友だちの家によって帰ったユウリさん

マンガ借りてから帰ろう！

とちゅうで大きな地震が！

近道して帰ったカズキくん

近道だけどなんか人がいないし、暗い道だな……。

そのころユウリさんのお父さん

大変だ！ユウリをむかえに行こう！

通学路を探しているのに見つからない！どうしてだ！

学校にはどうして たくさんの決まりがあるの？

カズキくん！
おはよう！
ぼく、今日はいいもの
もってきたんだ。

早く教室に行こう！
見せてあげる！

あ！前っ！

え？

いたーい！

大丈夫？

ちょっと！
ろうかは走らない
決まりでしょ！

ははは
ごめんごめん！

じゃ！
ぼく、急いでいるから！
カズキくん、行くぞ！

ちょっと！

5年2

それで？
いいものって何？

ほかの人には
秘密だぞ！

じゃーん！
新しいゲームを買ったんだ！

すごいな!!

しー！　あんまり大きな声を出すとばれちゃうよ！帰りに公園でいっしょにやろう！

君たち、何の話してるのかな？

今、隠したものを出しなさい！

先生……！

学校に関係のないものはもってこない決まりだよね？帰るまで先生が預かります。

はい……。すみません。

今度は先生に注意されている……。

あーあ、朝から注意されてばっかりだな。

ろうかを走ったり、ゲームをもってきたり、決まりをやぶったからでしょう？

でもさ、学校って本当にたくさん決まりがあるけれど、どうしてなんだろう……。これも法律なの？

うーん……。

学校の決まりはどうしてあるの？

守らなきゃいけないのは
わかるんだけど……。

学校には「ろうかは走らない」「勉強に関係のないもの（おかしやゲームなど）は
もってこない」など、さまざまな決まりがあります。

また中学校や高校では、学校の決まりはよく「校則」と呼ばれ、制服の着方など
決まりが細かく定められていることもあります。

このような決まりは、すべての子がよりよい学校生活を送るために定められた
ものです。法律がわたしたちの安全な暮らしを守っているように、学校の決まりも、
安心して勉強したり、安全に生活したりしやすい環境にするためのものです。

想像してみよう　もしも学校の決まりがなかったら……

学校の決まりには、その決まりができた理由があります。もしもその決まりがなかったら、
事故やトラブルが起きて、悲しい思いをする人が出てくるかもしれません。

「ろうかは走らない」という決まりがなかったら……

学校には、体の大きい子や
小さい子、年のちがう子など、
たくさんの人がいます。
ろうかを走り回っていると、
ぶつかって自分や相手がけがを
してしまうかもしれません。

うわーん！
いたいよー！

「勉強に関係のないものはもってこない」という決まりがなかったら……

たとえば、ゲームなど
遊ぶためのものをもってきた
場合、授業に集中できなくなる
かもしれません。
また、なくしてしまった場合、
自分だけでなくまわりの人も
いやな思いをしてしまいます。

授業中

あと少しで
クリアだし
ちょっと
だけ……。

数日後のテストで…

学校の決まりは法律なの？

学校の決まりは法律ではなく、また、学校の決まりや校則について定められた法律もありません。

しかし、学校はよりよい環境づくりのために必要な決まりをつくることができます。

そのため、先生たちが学校や子どもたちの様子を見たり、おうちの人や子どもたちの意見を聞きながら決まりをつくっています。

熱中症対策のために水筒のもちこみを許可しましょう。

ただ、虫歯や健康面を考えて、中身は水かお茶とするという決まりはどうでしょう。

また、学校の決まりをやぶったときには、注意したり、指導したりできることが、法律で定められています。これは、やぶった子どもに罰をあたえるためではなく、子どもたちに成長してほしいからです。

そして、まわりの子どもの安全や学ぶ権利を守るためでもあります。

法律をチェック

学校教育法第11条では……

「校長や先生は、教育のために必要なとき、子どもたちに懲戒（いましめ）をあたえることができる。ただし、体罰はいけない」と決められているよ。

ただし、法律で書いているように、「体罰」は禁止されています。体罰とは、たたいたりけったりするなど、いたみをあたえることです。

体罰となる例

授業中に歩き回っている子どものほほをつねって席に着かせる。

指導となる例

授業中に歩き回っている子どもを注意して席に着かせる。

学校の決まりと法律のちがいは何？

　みなさんのまわりには、さまざまな決まりがありますが、そのちがいはおもにその決まりを守らなければいけないのはだれか、ということです。ただ、どの決まりもすべて自分たちの生活をよりよくするためのもの、という点は同じです。

法律

→日本にいるすべての人が守らなくてはいけない決まり。国会が定める。

例：人のものをぬすんではいけない。

条例

→その都道府県や市区町村にいる人が守らなくてはいけない決まり。地方公共団体（その地域を治めるためにつくられた団体）が定める。

例：子どもを夜の11時から朝4時まで外出させてはいけない。

学校の決まり

→その学校に通う子どもたちが守らなくてはいけない決まり。学校が定める。

例：登下校のときは、校帽をかぶる。

家や自分の決まり

→家族や自分が守らなくてはいけない決まり。家族や自分が定める。

例：ゲームをする時間は1日1時間まで。

一番大切な決まりはどれ？

どの決まりも守るべき大切なものですが、まず法律は、日本国憲法で決められたことに基づき、定められています。また、条例も法律で決められたことに基づき、定められます。

そのため、たとえば法律で「子どもは学校に行く権利がある」と言っているのに、「子どもを学校に行かせることを禁止する」という条例は定められません。

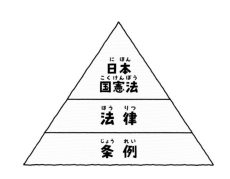

じゃあどうしてわざわざちがう決まりをつくるの？

それぞれの地域ごとに、決まりが定められるのは、その地域でしかわからないことがあるからです。

たとえば、雪のよくふる地域では、雪によって人びとがこまらないために除雪の計画や方法についての決まりが必要になるかもしれません。しかし雪のふらない地域では、それは必要のない決まりになります。

その地域で暮らす人たちがよりよく生活するための決まりなので、そこにあったものを定めるのです。

法律をチェック

日本国憲法第94条では……

「地方公共団体は、その財産を管理し、事務を処理し、そして行政をおこなう権利をもっていて、法律の範囲内で条例をつくることができる」と決められているよ。

国と国との決まり

国と国の間で、定められた決まりを「条約」と言います。条約は、国と国との間の問題や、地球で起きている問題を解決したり、国同士でよい関係をもつためのものです。たとえば、地球で起きている問題については、絶滅の恐れがある動物を守るためのワシントン条約や、大切な文化を守るための世界遺産条約などがあります。

さまざまな動植物がワシントン条約で保護されている。

みんながこまらないように クラスの決まりをつくってみよう!

みんなの意見

ちゃんと貸してって言ったんだけど……。でも、こうなるなら借りなければよかった。もう物の貸し借りはしません。

うーん、でもこれから貸し借りをしないって決めたら、こまることがありそうだよ。

もう今回のことはあやまって、次から気をつければいいんじゃないの？

えー！でも何に気をつけるの？また同じようなことが起きたらいやだなあ。

じゃあ今回だけでなく、これからもみんなが同じようなことでこまったり、いやな思いをしたりしないためにはどうしたらいいと思いますか？考えてごらん！

う～ん…

はっ！

貸し借りをするときの決まりがあったらこまらないかも！

たしかに！みんなで決まりをつくってみるのはどうですか？

どうやって決まりをつくればいいの？

ぼくたちにもつくれるかな？

決まりを新しくつくるには、いくつかの大切なポイントがあります。
クラスのみんなの意見を聞きながら考えてみましょう。

1 問題が起きた

物の貸し借りについて解決したい。

決まりをつくろうよ！

問題が起きたときやこまったことがあるときに、決まりをつくると役に立ちます。
決まりがなくても解決できることもあります。

2 この決まりって必要？

決まりがないと、また同じようなトラブルが起きそうだよ。

まず、決まりをつくることが本当に必要かどうか、「トラブルを解決するため」「同じことをくり返さないため」など、役に立つか考えてみましょう。

3 みんなで決まりを考えていく

ぼくがひとりで決めてあげます！

\えー！/ \だめだよ！/

「ちゃんと返してくれそうな人にだけ貸す」っていうのは？

それってどんな人かよくわからないよ。

男子はいつもふざけてるから女子だけ貸し借りOKにしたら？

\ひどーい！/

許可をとってから借りればいいんじゃない？

\うんうん！/

でも、班の人が知らない間に貸したらこまるな。

\たしかに！/

どの班の物か、すぐわかるようにしておくのも大切じゃない？

\そうだね！/

じゃあ、班ごとのしるしをつけようよ。

\いいね！/
\賛成！/

だれかひとりが決めた決まりは意見がかたよったり、守りたくない決まりかもしれません。みんなの意見を聞くことが大切です。
また、「みんなにとってわかりやすいか」「平等かどうか」も考えましょう。

44

みんなで決めた物の貸し借りの決まり

❶ 相手に許可をもらってから借りる。

❷ 班の物を貸すときは、貸す人が
班の人に貸してもいいか確認する。

❸ その班の物かわかるように先生に
班ごとのしるしのシールをはってもらう。

❹ 使い終わったらすぐに返す。

自分たちで決めた決まりなら
納得できるよね!

じつは、法律も同じように
して決めているんだ!

法律ってどうやって決めているの?

じつは法律の決め方も基本的には同じです。社会で起きている問題を解決したり、よりよい生活をつくっていくために、新しくつくられたり、修正されたりします。

もっとよくするための
決まりをつくろう!

学級の決まりの場合

クラスのだれか

決まりを提案する

⬇

クラスのみんな

話し合う

そうじの時間に
ついて

⬇

成立

もっとみんなが
すごしやすくなるぞ!

法律の場合

内閣　**国会議員**

法律案を提案する

⬇

衆議院

話し合う
原則、出席議員の半数をこえる
議員が賛成→可決

⬇

参議院

衆議院と同じように話し合う
原則、出席議員の半数をこえる
議員が賛成→可決

⬇

成立

※参議院で先に法律案が
出されることもあります。

みんなのためなら どんどん決まりを つくったほうがいい？

今日は法律で
トマトだけの日か……。

法律や決まりは、みんなの生活をよりよくするものですが、もしも何もかもが決められてしまったらどうなるのでしょうか。「健康のため、すべての人の食事は国で決められたものにしたがう」「平等のため、全員が同じ服を着る」など、すべてを決められるととても不自由です。また、ひとりひとりがよりよく生活できる決まりとは言えなくなってしまいます。決まりはどんどんつくったほうがいいというわけではありません。

ひとりひとりの自由を守りながら、社会ですごしていくために、必要な決まりを定めることが大切なのです。

身のまわりの法律は、どうして必要だったのか、何のためにあるのか考えてみると、その大切さがわかるかもしれません。

想像してみよう　もしも納得できない決まりがあったら……

みなさんのまわりには、「どうしてこんな決まりがあるんだろう」と思う決まりごともあるかもしれません。そんなときは、「よくわからないから守りたくない！」ではなく、「どうしてこんな決まりができたのか」や「もしもこの決まりがなかったらどうなるのか」などと考えてみましょう。そして、まわりの友だちや家族、先生に意見を聞いてみましょう。そうすることで、決まりがあってよかったことに気づくかもしれません。

また、反対にどんなに考えても納得いかないときは、本当に必要な決まりなのか、話し合ってみてもいいかもしれません。法律も、時代に合わせて変わっていくように、あなたのまわりの決まりも変わるかもしれません。

この場所で
ボール遊び
禁止

1年生の教室が
近いし、危ないから
決まりができたの
かもしれないな。

みんなが自由に意見を
言う権利があるからね！

46

この本に出てくる、おもな用語や法律をまとめました。
見開きの左右両方に出てくる用語は、左のページ数のみ記載しています。

監修

小島洋祐 虎ノ門法律経済事務所 弁護士

開成高校・中央大学法学部卒業。昭和45年に弁護士登録、東京弁護士会所属。東京弁護士会常議員、日弁連代議員。
法務省、人権擁護委員を2期（6年）務め、その後、港区教育委員会教育委員を5期（18年、うち教育委員長5回）、
都市計画審議会審議委員2期（6年）歴任。港区社会福祉協議会理事など。

髙橋良祐 公益財団法人才能開発教育研究財団日本モンテッソーリ教育綜合研究所 所長

東京学芸大学教育学部数学科卒業。学研ホールディングス特別顧問。元港区教区委員会教育長。東村山市立秋津東
小、世田谷区立東大原小、町田市立鶴川第三小（教頭）、中央区教育委員会（指導主事）、港区教育委員会（指導室長）、
東村山市立化成小（校長）を経て、2004年から港区教育委員会教育長に。2012年10月に退職。専門は算数。著書に
『新しい授業算数Q&A』（日本書籍／共著）、『個人差に応じる算数指導 4年』（東洋館出版）など。

渡辺裕之 千代田区立番町小学校 校長

東京学芸大学大学院教育学研究科 国語教育・日本語教育分野修了 教育学修士。公立小学校教諭として入都後、三鷹
市教育委員会指導主事、世田谷区立城山小学校副校長、港区教育委員会統括指導主事を歴任。後に大田区立蒲田小
学校校長、港区教育委員会指導室長（東京都教育委員会主任指導主事派遣）、千代田区立和泉小学校校長を経て現職。
専門は国語教育、外国人児童生徒教育。

指導協力 柏原聖子（元東京都公立小学校）
　　　　　　林みゆき（江戸川区立二之江小学校）
　　　　　　木田義仁（品川区立芳水小学校）
　　　　　　菅彰（足立区立千寿桜小学校）
　　　　　　飯田学（葛飾区立本田小学校）

デザイン 株式会社 参画社
イラスト 深蔵
校正 村井みちよ
編集制作 株式会社 童夢

**小学生からの
なんでも法律相談
全5巻**

1巻 法律って何だろう？
2巻 学校の中には法律がいっぱい
3巻 どうしよう？ 友だちとのトラブル
4巻 まちの中のいろいろな法律
5巻 これから大人になるみなさんへ

全巻セット定価：本体14,000円（税別）
ISBN978-4-580-88651-3

**小学生からの
なんでも法律相談
①巻 法律って何だろう？**

ISBN978-4-580-82428-7
C8332 / NDC 320　48P　30.4×21.7cm

2020年8月30日　第1刷発行

監修　　小島洋祐　髙橋良祐　渡辺裕之
発行者　佐藤諭史
発行所　文研出版　　　〒113-0023　東京都文京区向丘2丁目3番10号
　　　　　　　　　　　〒543-0052　大阪市天王寺区大道4丁目3番25号
　　　　　　代表 (06)6779-1531　児童書お問い合わせ (03)3814-5187
　　　　　　　　　　　https://www.shinko-keirin.co.jp/

印刷所／製本所　　株式会社 太洋社